Impressum
Verlag: BABADADA GmbH, Nedderfeld 112 , 22529 Hamburg
Geschäftsführer / Verlagsleitung: Harald Hof
Druck: Books on Demand GmbH, In de Tarpen 42, 22848 Norderstedt

Imprint
Publisher: BABADADA GmbH, Nedderfeld 112 , 22529 Hamburg, Germany
Managing Director / Publishing direction: Harald Hof
Print: Books on Demand GmbH, In de Tarpen 42, 22848 Norderstedt, Germany

Šola
skola

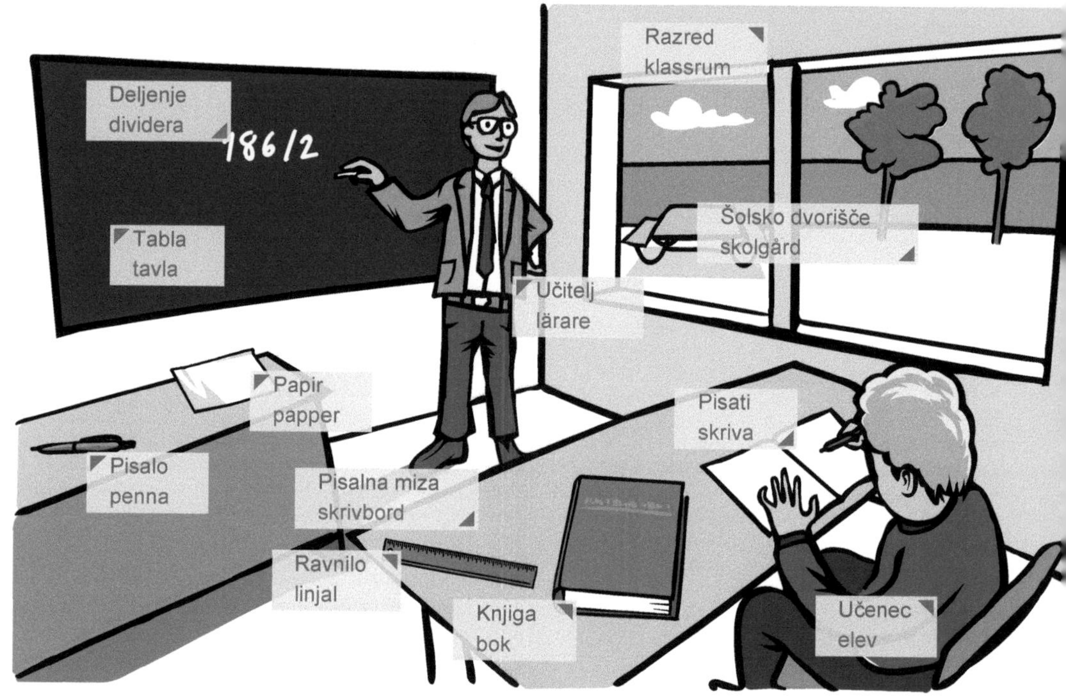
Razred
klassrum
Deljenje
dividera
186/2
Tabla
tavla
Šolsko dvorišče
skolgård
Učitelj
lärare
Papir
papper
Pisati
skriva
Pisalo
penna
Pisalna miza
skrivbord
Ravnilo
linjal
Knjiga
bok
Učenec
elev

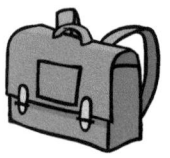

Šolska torba

skolväska

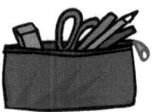

Peresnica

pennfodral

Svinčnik

blyertspenna

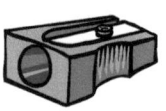

Šilček

pennvässare

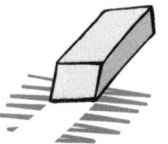

Radirka

suddgummi

Risalni blok

ritblock

Risba

teckning

Čopič

pensel

Vodene barvice

målarlåda

Škarje

sax

Lepilo

lim

Zvezek

övningsbok

Domača naloga

hemläxa

Število

tal

Seštevanje

addera

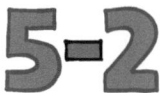

Odštevanje

subtrahera

Množenje

multiplicera

Računanje

räkna

Črka

bokstav

Abeceda

alfabet

Beseda

ord

Besedilo

text

Brati

läsa

Kreda

krita

Učna ura

lektion

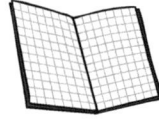

Redovalnica

register

Preizkus znanja

prov

Spričevalo

intyg

Šolska uniforma

skoluniform

Izobrazba

utbildning

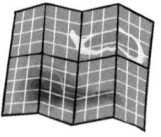

Enciklopedija

uppslagsverk

Univerza

universitet

Mikroskop

mikroskop

Zemljevid

karta

Koš za smeti

papperskorg

Potovanje

resa

Hotel
hotell
Grand
Hostel
vandrarhem
ROOMS
EXCHANGE
Menjalnica
växelkontor
Kovček
resväska
Avtomobil
bil

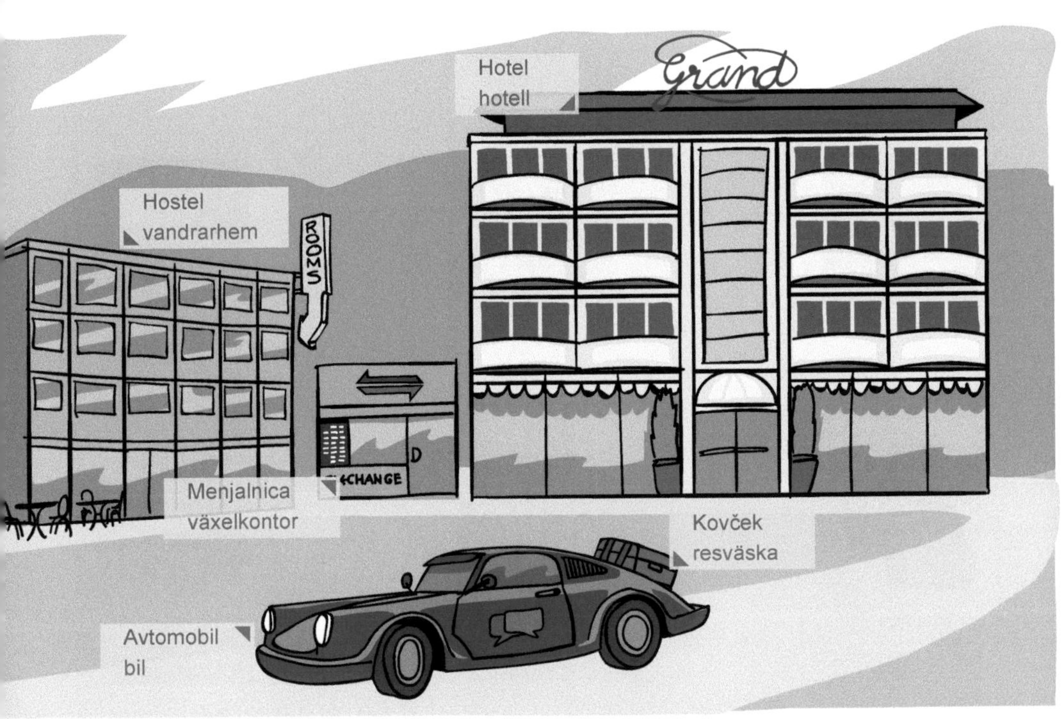

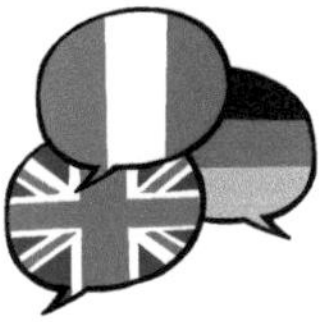

Jezik
....
språk

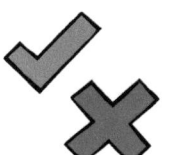

da / ne
....
ja / nej

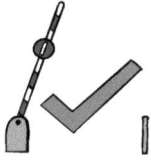

Prav
....
Okay

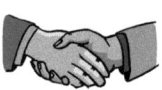

Pozdravljeni
....
hej

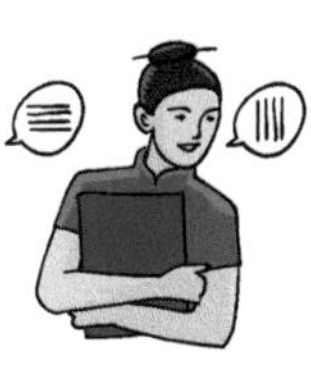

Prevajalec
....
översättare

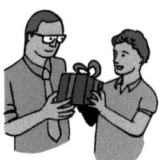

Hvala
....
Tack

Koliko stane…?

hur mycket kostar…?

Ne razumem

jag förstår inte

Težava

problem

Dober večer!

God kväll!

Dobro jutro!

God morgon!

Lahko noč!

God natt!

Nasvidenje

hejdå

Smer

riktning

Prtljaga

bagage

Torba

väska

Nahrbtnik

ryggsäck

Gost

gäst

Soba

rum

Spalna vreča

sovsäck

Šotor

tält

Turistične informacije

turistinformation

Plaža

strand

Kreditna kartica

kreditkort

Zajtrk

frukost

Kosilo

lunch

Večerja

middag

Vozovnica

biljett

Dvigalo

hiss

Znamka

frimärke

Meja

gräns

Carina

tull

Veleposlaništvo

ambassad

Vizum

visum

Potni list

pass

Potovanje - resa

Prevoz
transport

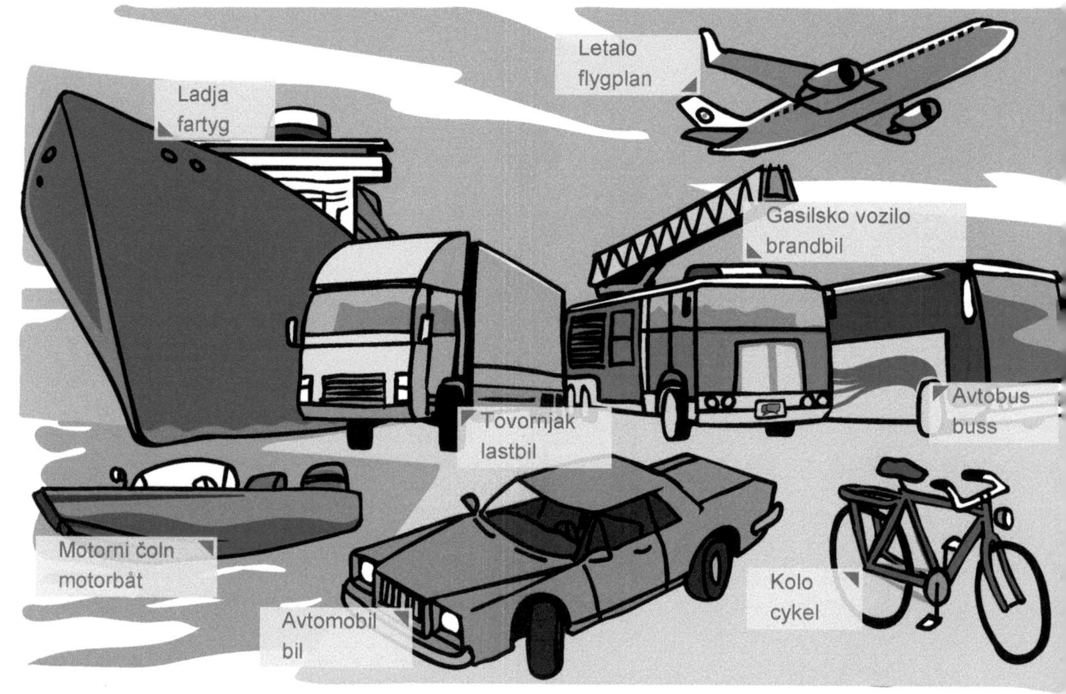
Ladja
fartyg
Letalo
flygplan
Gasilsko vozilo
brandbil
Tovornjak
lastbil
Avtobus
buss
Motorni čoln
motorbåt
Kolo
cykel
Avtomobil
bil

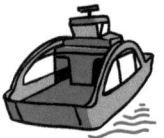

Trajekt

färja

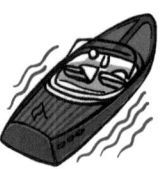

Čoln

båt

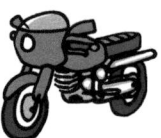

Motorno kolo

motorcykel

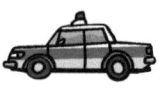

Policijski avto

polisbil

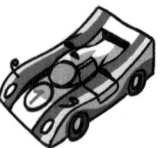

Dirkalni avto

racerbil

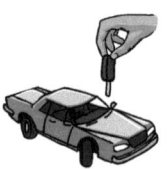

Najeto vozilo

hyrbil

Souporaba avtomobila

bilpool

Avtovleka

bärgningsbil

Smetarsko vozilo

sopbil

Motor

motor

Gorivo

bränsle

Bencinska postaja

bensinstation

Prometni znak

vägmärke

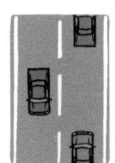

Promet

trafik

Zastoj

bilkö

Parkirišče

parkeringsplats

Železniška postaja

tågstation

Tirnice

räls

Vlak

tåg

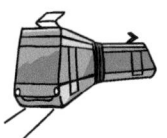

Tramvaj

spårvagn

Vagon

vagn

Helikopter

helikopter

Letališče

flygplats

Stolp

torn

Potnik

passagerare

Kontejner

container

Karton

kartong

Voziček

vagn

Košara

korg

vzleteti / pristati

starta / landa

Mesto
stad

Vas

by

Mestno jedro

centrum

Hiša

hus

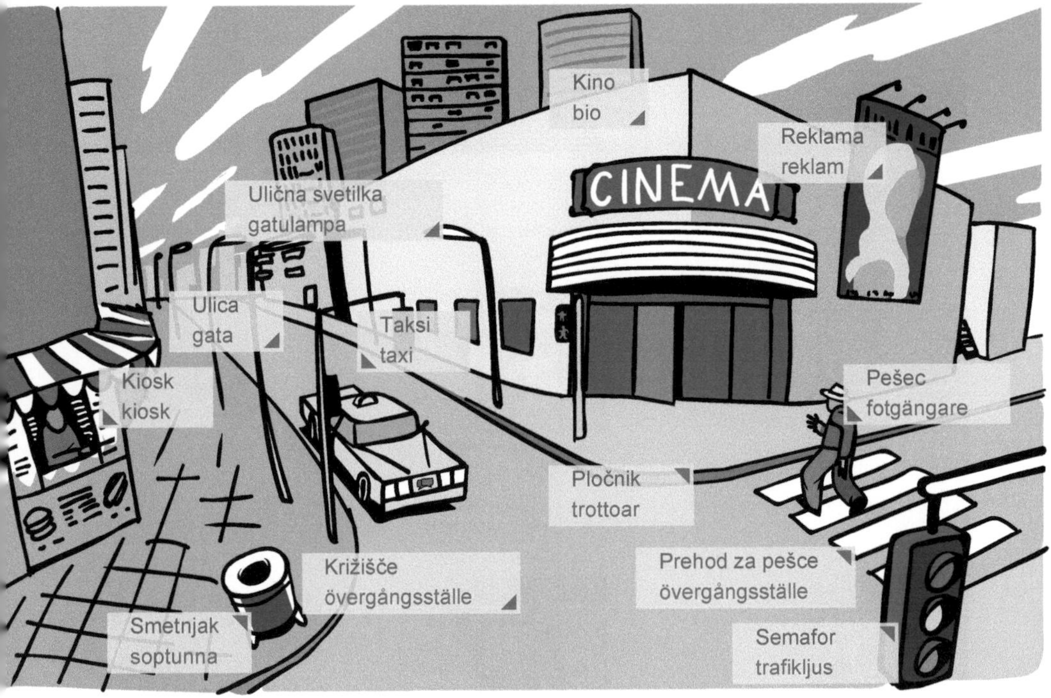
Kino
bio
Reklama
reklam
CINEMA
Ulična svetilka
gatulampa
Ulica
gata
Taksi
taxi
Kiosk
kiosk
Pešec
fotgängare
Pločnik
trottoar
Prehod za pešce
övergångsställe
Križišče
övergångsställe
Smetnjak
soptunna
Semafor
trafikljus

Koča

stuga

Stanovanje

lägenhet

Železniška postaja

tågstation

Mestna hiša

stadshus

MUSEUM

Muzej

museum

Šola

skola

Univerza

universitet

Banka

bank

Bolnišnica

sjukhus

Hotel

hotell

Lekarna

apotek

Pisarna

kontor

Knjigarna

bokhandel

Trgovina

affär

Cvetličarna

blomsterbutik

Supermarket

stormarknad

Tržnica

marknad

Veleblagovnica

varuhus

Ribarnica

fiskhandlare

Nakupovalno središče

köpcentrum

Pristanišče

hamn

Park

park

Klop

bänk

Most

brygga

Stopnice

trappa

Podzemna železnica

tunnelbana

Predor

tunnel

Avtobusno postajališče

busshållplats

Bar

bar

Restavracija

restaurang

Poštni nabiralnik

brevlåda

Ulična tabla

gatuskylt

Parkirna ura

parkeringsautomat

Živalski vrt

zoo

Kopališče

simbassäng

Mošeja

moské

Kmetija

bondgård

Onesnaževanje

förorening

Pokopališče

kyrkogård

Cerkev

kyrka

Otroško igrišče

lekplats

Tempelj

tempel

Pokrajina
landskap

List
löv

Kažipot
vägskylt

Pot
väg

Travnik
äng

Kamen
sten

Pohodnik
liftare

Drevo
träd

Reka
flod

Trava
gräs

Cvetlica
blomma

Dolina

dal

Hrib

kulle

Jezero

sjö

Gozd

skog

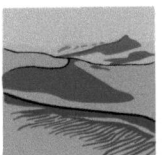

Puščava

öken

Vulkan

vulkan

Grad

slott

Mavrica

regnbåge

Goba

svamp

Palma

palm

Komar

mygga

Muha

fluga

Mravlja

myra

Čebela

bi

Pajek

spindel

Hrošč

skalbagge

Žaba

groda

Veverica

ekorre

Jež

igelkott

Zajec

hare

Sova

uggla

Ptič

fågel

Labod

svan

Divji prašič

vildsvin

Jelen

rådjur

Los

älg

Jez

damm

Vetrnica

vindkraftverk

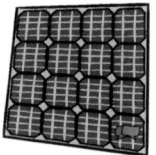

Solarna plošča

solcellspanel

Podnebje

klimat

Restavracija
restaurang

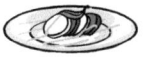

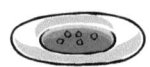

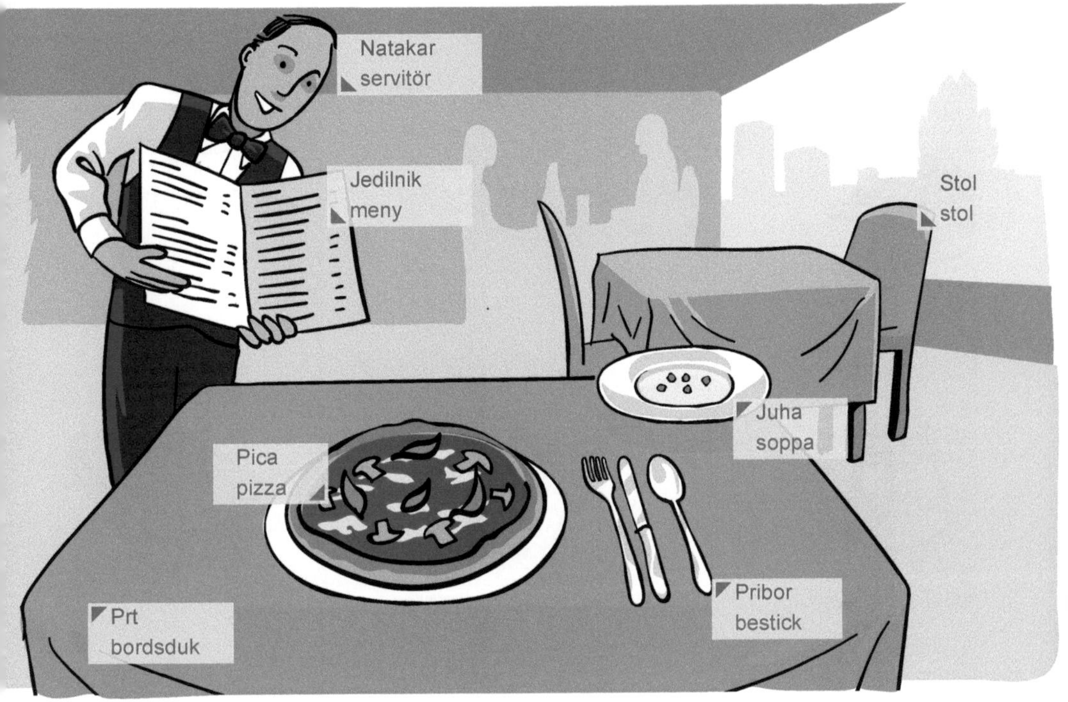

Natakar
servitör
Jedilnik
meny
Stol
stol
Juha
soppa
Pica
pizza
Pribor
bestick
Prt
bordsduk

Predjed

förrätt

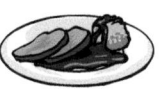

Glavna jed

huvudrätt

Sladica

dessert

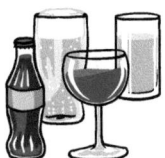

Pijače

drycker

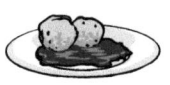

Hrana

mat

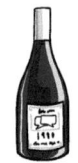

Steklenica

flaska

Hitra hrana

snabbmat

Ulična hrana

street food

Čajnik

tekanna

Sladkornica

sockerskål

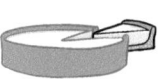

Porcija

portion

Aparat za espresso

espressomaskin

Stolček za hranjenje

barnstol

Račun

räkning

Pladenj

bricka

Nož

kniv

Vilica

gaffel

Žlica

sked

Čajna žlička

tesked

Servieta

servett

Kozarec

glas

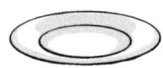

Krožnik

tallrik

Globoki krožnik

sopptallrik

Krožniček

tefat

Omaka

sås

Solnica

saltkar

Mlinček za poper

pepparkvarn

Kis

vinäger

Olje

olja

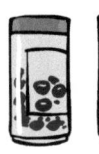

Začimbe

kryddor

Kečap

ketchup

Gorčica

senap

Majoneza

majonnäs

Supermarket
stormarknad

Posebna ponudba
specialerbjudande
FOR
Stranka
kund
Mlečni izdelki
mejeriprodukter
Sadje
frukt
Nakupovalni voziček
varukorg

BUTCHERS

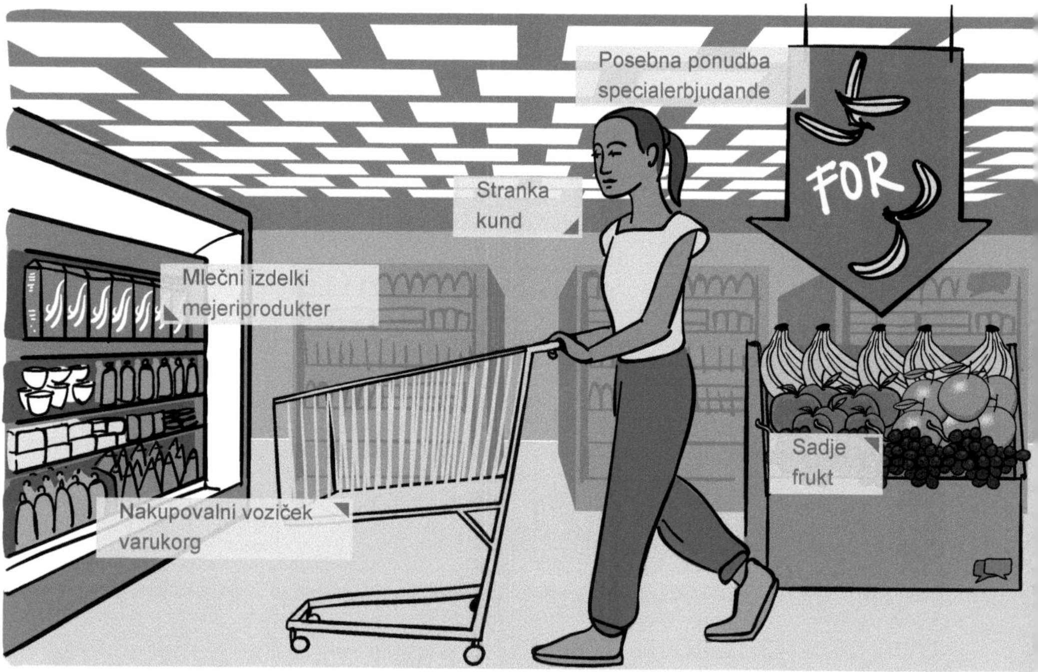

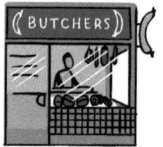

Mesnica

charkuteri

BAKERY

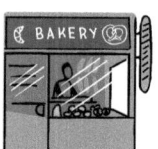

Pekarna

bageri

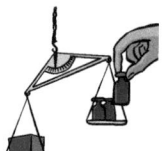

Tehtati

väga

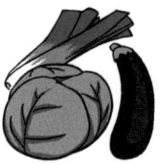

Zelenjava

grönsaker

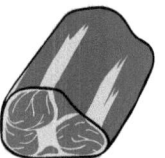

Meso

kött

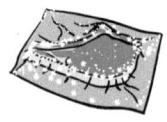

Zamrznjena hrana

frysta livsmedel

Hladne mesnine

pålägg

Konzerve

konserver

Pralni prašek

tvättmedel

Sladkarije

godis

Gospodinjski izdelki

hushållsprodukter

Čistilno sredstvo

rengöringsmedel

Prodajalka

försäljare

Blagajna

kassa

Blagajnik

kassör

Nakupovalni seznam

inköpslista

Delovni čas

öppettider

Denarnica

plånbok

Kreditna kartica

kreditkort

Torba

väska

Plastična vrečka

plastpåse

Voda

vatten

Sok

juice

Mleko

mjölk

Kola

cola

Vino

vin

Pivo

öl

Alkohol

alkohol

Kakav

kakao

Čaj

te

Kava

kaffe

Espresso

espresso

Kapučino

cappuccino

Banana

banan

Jabolko

äpple

Pomaranča

apelsin

Lubenica

melon

Limona

citron

Korenje

morot

Česen

vitlök

Bambus

bambu

Čebula

lök

Goba

svamp

Oreščki

nötter

Rezanci

nudlar

Špageti

spaghetti

Riž

ris

Solata

sallad

Ocvrt krompirček

pommes frites

Pečen krompir

stekt potatis

Pica

pizza

Hamburger

hamburgare

Sendvič

smörgås

Zrezek

schnitzel

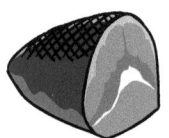

Šunka

skinka

Salama

salami

Klobasa

korv

Piščanec

kyckling

Pečenka

stek

Riba

fisk

Ovseni kosmiči

havregryn

Musli

müsli

Koruzni kosmiči

cornflakes

Moka

mjöl

Rogljiček

croissant

Žemlja

fralla

Kruh

bröd

Prepečenec

rostat bröd

Piškoti

kex

Maslo

smör

Skuta

kvarg

Torta

kaka

Jajce

ägg

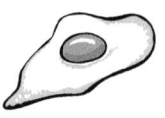

Pečeno jajce na oko

stekt ägg

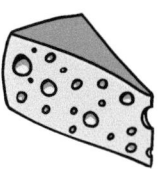

Sir

ost

Sladoled

glass

Sladkor

socker

Med

honung

Marmelada

sylt

Čokoladni namaz

nougatkräm

Kari

curry

Kmetija
bondgård

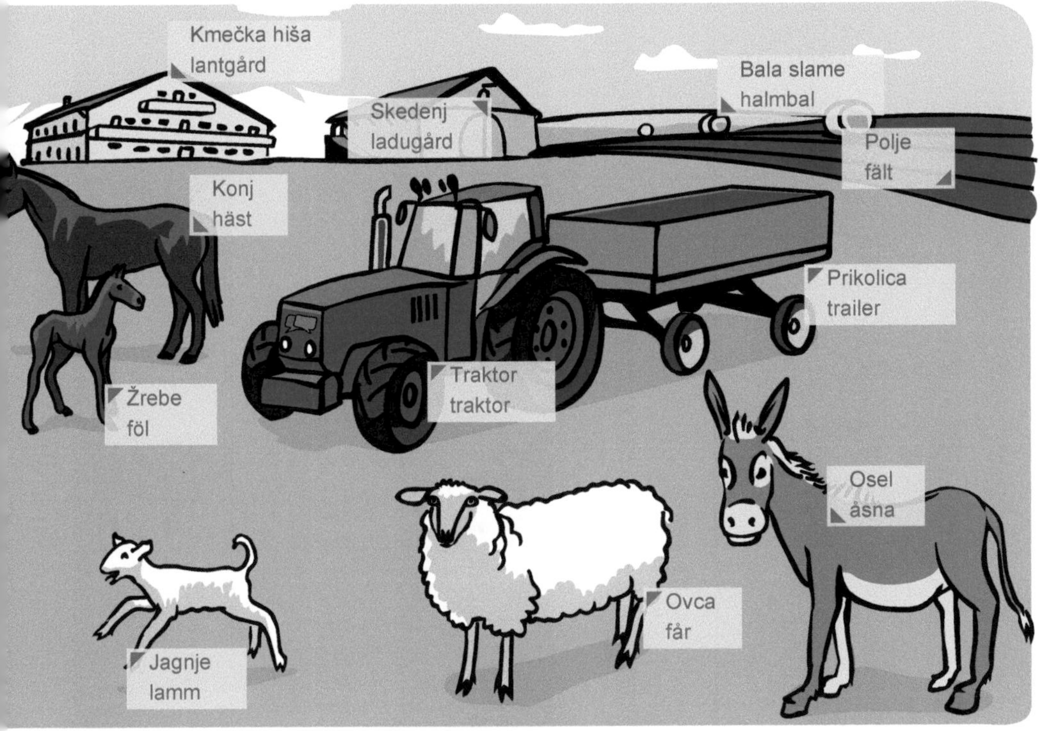

Kmečka hiša
lantgård
Skedenj
ladugård
Bala slame
halmbal
Polje
fält
Konj
häst
Prikolica
trailer
Traktor
traktor
Žrebe
föl
Osel
åsna
Ovca
får
Jagnje
lamm

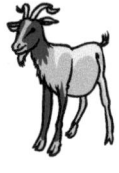

Koza

get

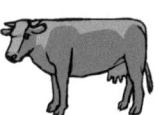

Krava

ko

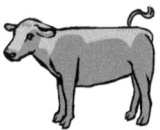

Tele

kalv

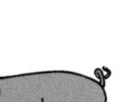

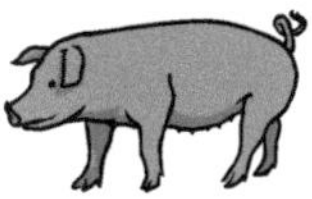

Prašič

gris

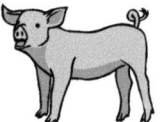

Pujsek

griskulting

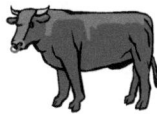

Bik

tjur

Gos

gås

Raca

anka

Piščanec

kyckling

Kokoš

höna

Petelin

tupp

Podgana

råtta

Mačka

katt

Miš

mus

Vol

oxe

Pes

hund

Pasja uta

hundkoja

Cev za zalivanje

trädgårdsslang

Kangla za zalivanje

vattenkanna

Kosa

lie

Plug

plog

Srp

skära

Motika

hacka

Vile

högaffel

Sekira

yxa

Samokolnica

skottkärra

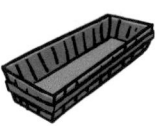

Korito

tråg

Kangla za mleko

mjölkflaska

Vreča

säck

Ograja

staket

Hlev

stall

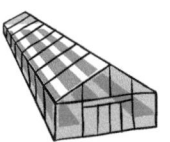

Rastlinjak

växthus

Prst

jord

Seme

säd

Gnojilo

gödsel

Kombajn

skördetröska

Žeti

skörda

Žetev

skörd

Jam

jams

Pšenica

vete

Soja

soja

Krompir

potatis

Koruza

majs

Oljna ogrščica

raps

Sadno drevo

fruktträd

Maniok

maniok

Žito

spannmål

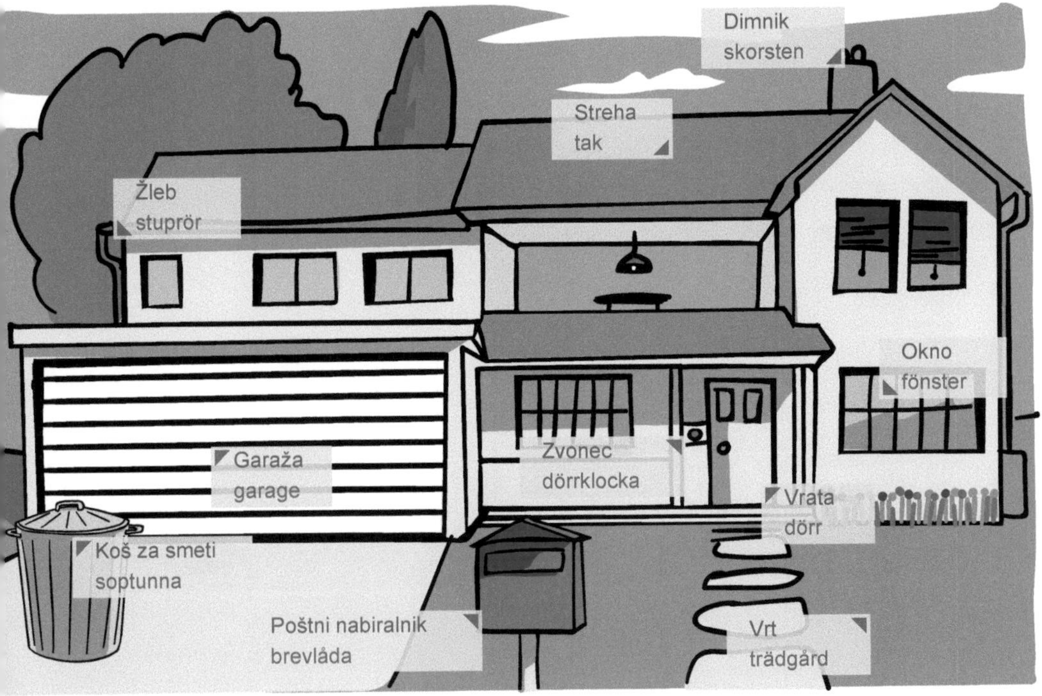

Dimnik
skorsten

Streha
tak

Žleb
stuprör

Okno
fönster

Garaža
garage

Zvonec
dörrklocka

Vrata
dörr

Koš za smeti
soptunna

Poštni nabiralnik
brevláda

Vrt
trädgård

Dnevna soba

vardagsrum

Kopalnica

badrum

Kuhinja

kök

Spalnica

sovrum

Otroška soba

barnrum

Jedilnica

matsal

Hiša - hus

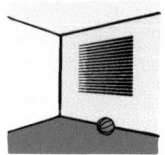

Tla
....
golv

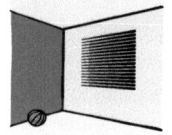

Stena
....
vägg

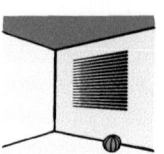

Strop
....
tak

Klet
....
källare

Savna
....
bastu

Balkon
....
balkong

Terasa
....
terrass

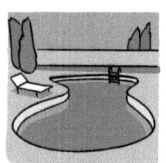

Bazen
....
bassäng

Kosilnica
....
gräsklippare

Rjuha
....
lakan

Posteljno pregrinjalo
....
överkast

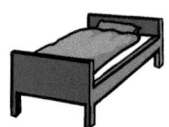

Postelja
....
säng

Metla
....
kvast

Vedro
....
hink

Stikalo
....
strömbrytare

Dnevna soba
vardagsrum

Tapeta
tapet
Slika
bild
Svetilka
lampa
Polica
hylla
Omara
skåp
Televizor
TV
Kamin
eldstad
Cvetlica
blomma
Blazina
kudde
Zofa
soffa
Vaza
vas
Daljinski upravljalnik
fjärrkontroll

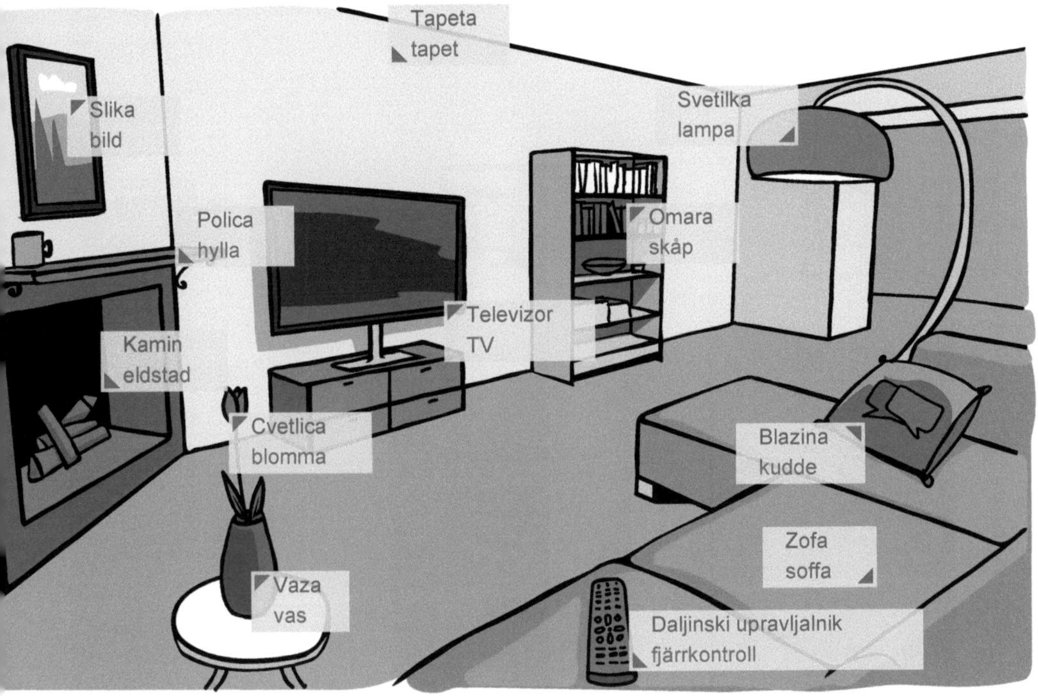

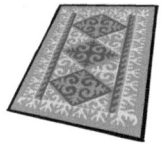

Preproga

matta

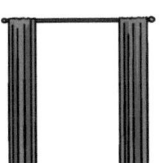

Zavesa

gardin

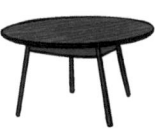

Miza

bord

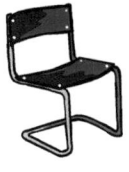

Stol

stol

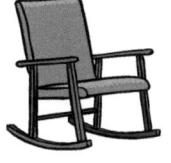

Gugalnik

gungstol

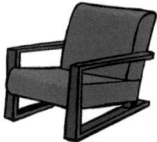

Naslanjač

fåtölj

Knjiga

bok

Odeja

filt

Dekoracija

dekoration

Drva

vedträ

Film

film

Glasbeni stolp

stereoanläggning

Ključ

nyckel

Časopis

dagstidning

Slika

målning

Plakat

poster

Radio

radio

Beležka

anteckningsbok

Sesalnik

dammsugare

Kaktus

kaktus

Sveča

stearinljus

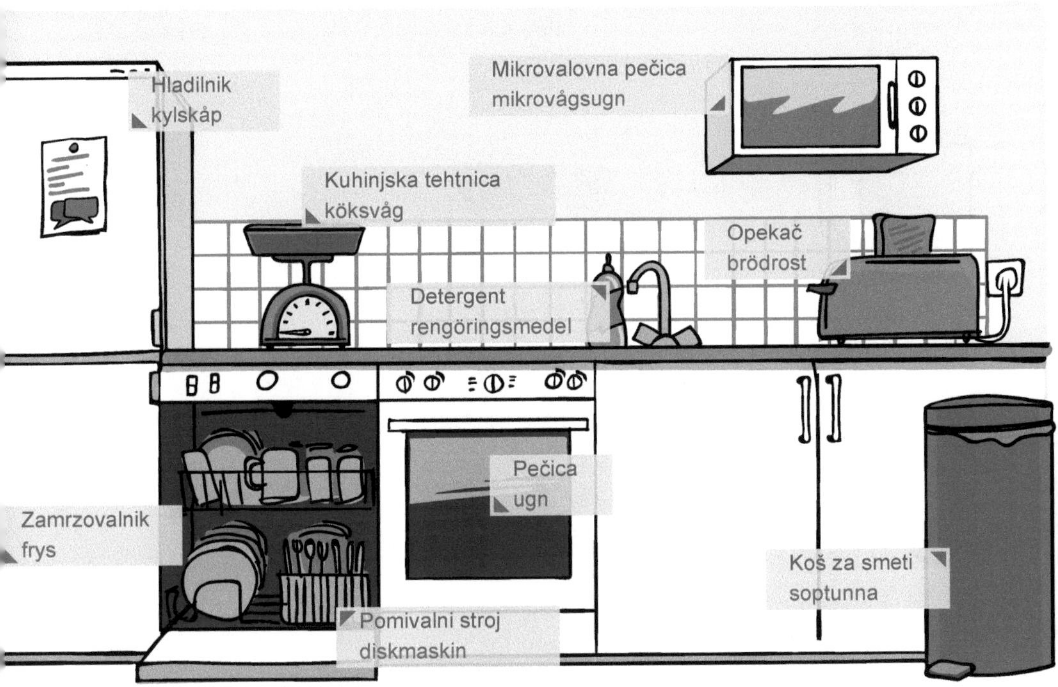

Hladilnik
kylskåp

Mikrovalovna pečica
mikrovågsugn

Kuhinjska tehtnica
köksvåg

Opekač
brödrost

Detergent
rengöringsmedel

Zamrzovalnik
frys

Pečica
ugn

Koš za smeti
soptunna

Pomivalni stroj
diskmaskin

Kozica

spis

Lonec

kastrull

Litoželezni lonec

järngryta

Vok / kadai

wok / kadai

Ponev

stekpanna

Kotliček

vattenkokare

Parni kuhalnik

ångkokare

Pekač

bakplåt

Posoda

porslin

Skodelica

mugg

Skleda

skål

Jedilne paličice

ätpinnar

Zajemalka

soppslev

Lopatica

stekspade

Metlica

visp

Cedilnik

durkslag

Cedilo

sil

Strgalo

rivjärn

Možnar

mortel

Žar

grill

Ognjišče

brasa

Deska za rezanje

skärbräda

Valjar

kavel

Odpirač za steklenice

korkskruv

Pločevinka

burk

Odpirač za konzerve

burköppnare

Prijemalka za posodo

grytlapp

Korito

vask

Ščetka

borste

Goba

svamp

Mešalnik

mixer

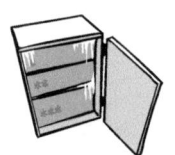

Zamrzovalna skrinja

frys

Steklenička

nappflaska

Pipa

kran

Kopalnica
badrum

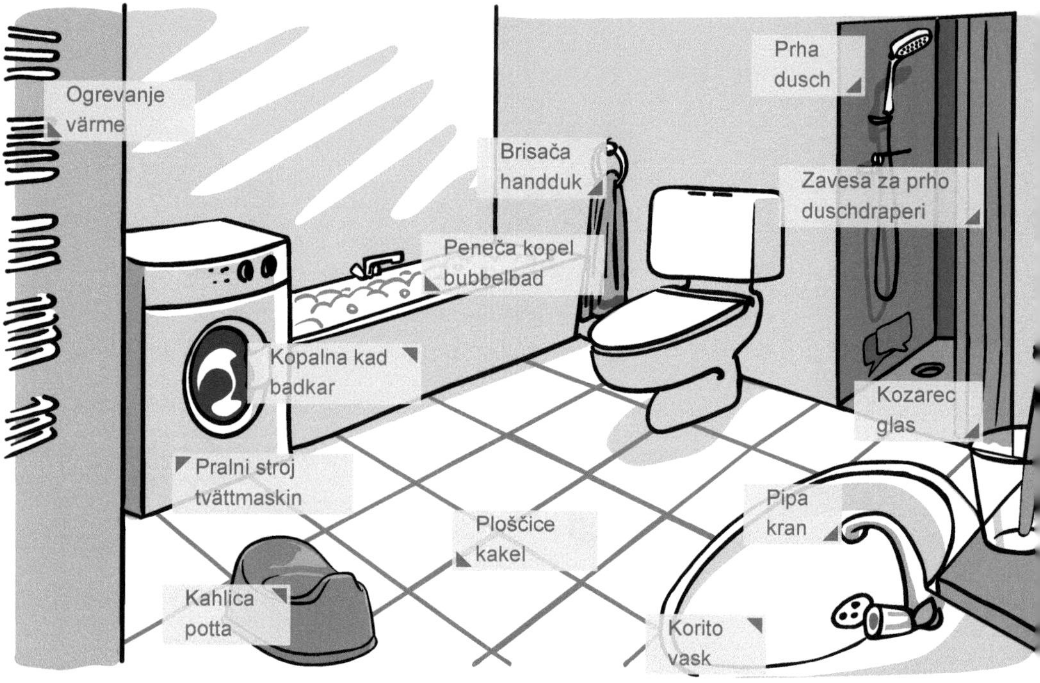

Ogrevanje
värme
Prha
dusch
Brisača
handduk
Zavesa za prho
duschdraperi
Peneča kopel
bubbelbad
Kopalna kad
badkar
Kozarec
glas
Pralni stroj
tvättmaskin
Pipa
kran
Ploščice
kakel
Kahlica
potta
Korito
vask

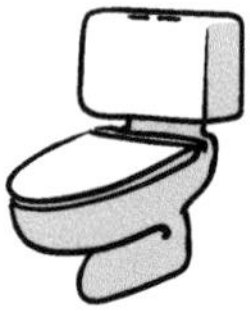

Stranišče

toalett

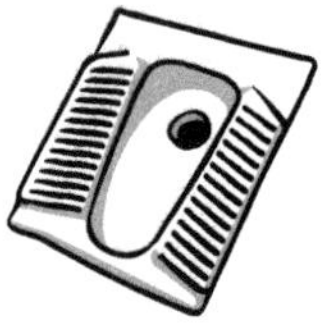

Stranišče na počep

låg toalett

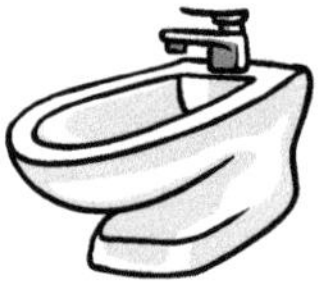

Bide

bidet

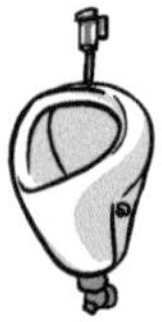

Pisoar

pissoar

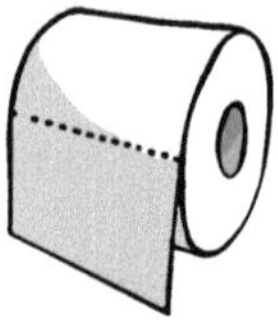

Toaletni papir

toalettpapper

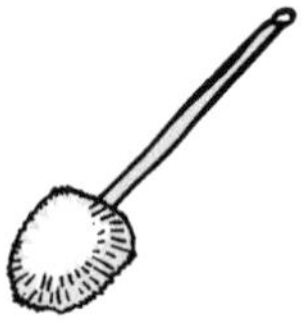

Ščetka za straniščno školjko

toalettborste

Zobna ščetka

tandborste

Zobna pasta

tandkräm

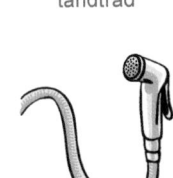

Zobna nitka

tandtråd

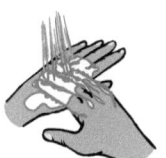

Umiti se

tvätta

Ročna prha

handdusch

Prha za intimne dele

intimdusch

Umivalnik

handfat

Krtača za hrbet

ryggborste

Milo

tvål

Gel za prhanje

duschgel

Šampon

schampo

Krpica za miljenje

trasa

Odtok

avlopp

Krema

crème

Deodorant

deodorant

Ogledalo

spegel

Ročno ogledalo

handspegel

Britvica

rakhyvel

Pena za britje

raklödder

Vodica po britju

rakvatten

Glavnik

kam

Ščetka

borste

Sušilnik za lase

hårtork

Lak za lase

hårspray

Ličila

smink

Šminka

läppstift

Lak za nohte

nagellack

Vatirane blazinice

bomullsvadd

Škarjice za nohte

nagelsax

Parfum

parfym

Toaletna torbica

necessär

Stol brez naslonjala

pall

Osebna tehtnica

våg

Kopalni plašč

badrock

Gumijaste rokavice

gummihandskar

Tampon

tampong

Damski vložki

binda

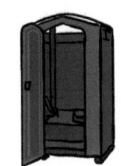

Kemično stranišče

kemisk toalett

Otroška soba
barnrum

Budilka
väckarklocka
Plišasta igrača
gosedjur
Avtomobilček
leksaksbil
Ropotuljica
skallra
Hiška za punčke
dockhus
Darilo
present

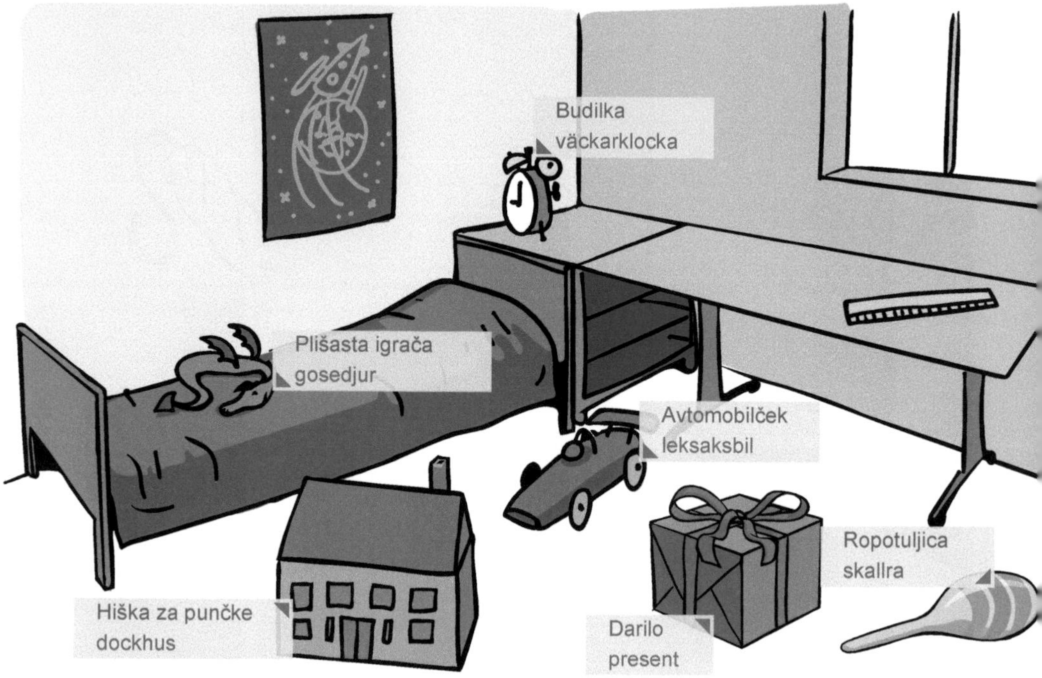

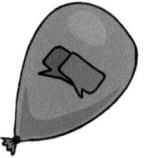

Balon

ballong

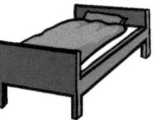

Postelja

säng

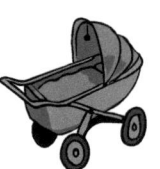

Otroški voziček

barnvagn

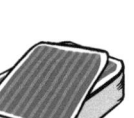

Igralne karte

kortlek

Sestavljanka

pussel

SUPER
MEGA

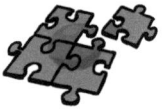

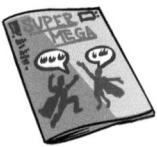

Strip

serietidning

Lego kocke

legobitar

Igralne kocke

klossar

Akcijska figura

actionfigur

Bodi

sparkdräkt

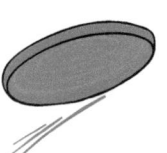

Frizbi

frisbee

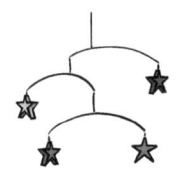

Vrtiljak za posteljico

mobil

Namizna igra

brädspel

Kocka

tärning

Komplet modelov vlakov

modelljärnväg

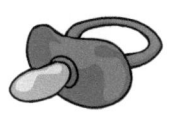

Duda

napp

Zabava

party

Slikanica

bilderbok

Žoga

boll

Lutka

docka

Igrati se

spela

Peskovnik
sandlåda

Gugalnica
gunga

Igrače
leksaker

Igralna konzola
spelkonsol

Tricikel
trehjuling

Plišasti medvedek
nalle

Garderoba
garderob

Oblačilo
kläder

Nogavice
sockar

Samostoječe nogavice
strumpor

Hlačne nogavice
tights

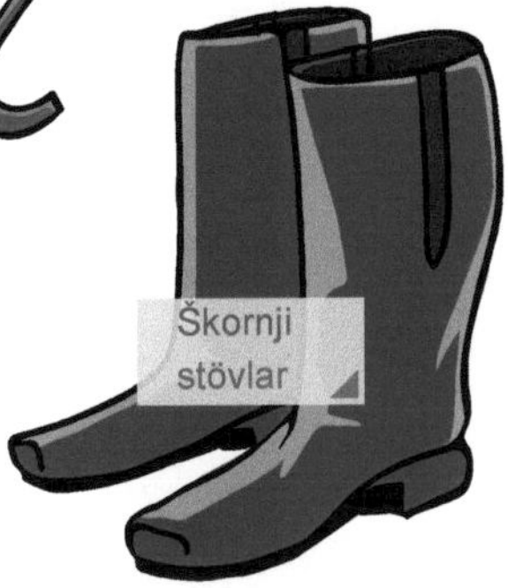

Šal
halsduk

Dežnik
paraply

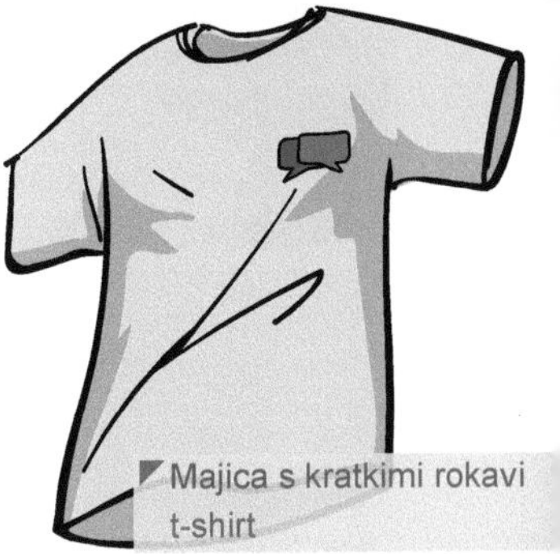

Pas
bälte

Majica s kratkimi rokavi
t-shirt

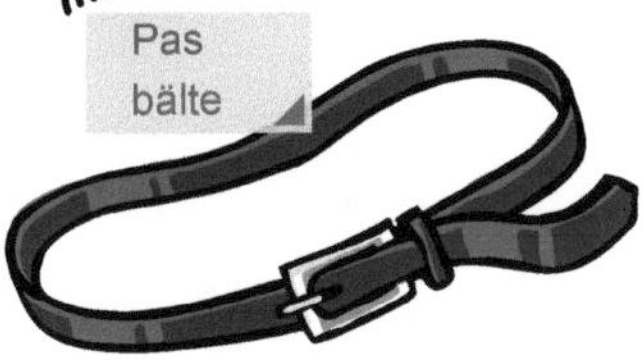

Škornji
stövlar

Copati
tofflor

Športni copati
sneakers

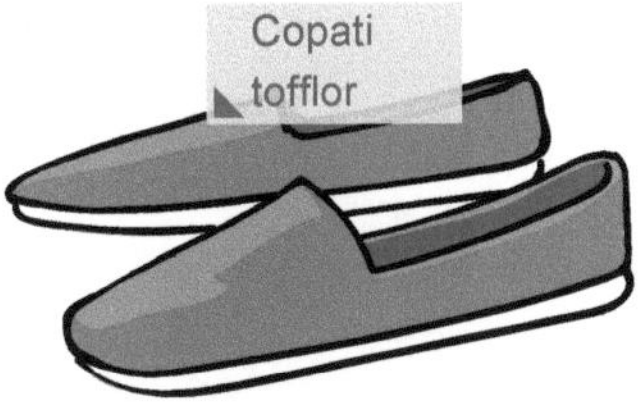

Sandali
....
sandaler

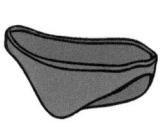

Spodnje hlače
....
underbyxor

Čevlji
....
skor

Modrček
....
BH

Gumijasti škornji
....
gummistövlar

Telovnik
....
linne

Bodi

body

Hlače

byxor

Kavbojke

jeans

Krilo

kjol

Bluza

blus

Srajca

skjorta

Pulover

pullover

Pletena jopica

sweater

Jopa

blazer

Jakna

jacka

Plašč

kappa

Dežni plašč

regnjacka

Kostim

dräkt

Obleka

klänning

Poročna obleka

bröllopsklänning

Oblačilo - kläder

Obleka

kostym

Spalna srajca

nattlinne

Pižama

pyjamas

Sari

sari

Naglavna ruta

slöja

Turban

turban

Burka

burka

Kaftan

kaftan

Abaja

abaya

Kopalke

baddräkt

Kopalne hlače

badbyxor

Kratke hlače

shorts

Trenirka

träningsoverall

Predpasnik

förkläde

Rokavice

handskar

Oblačilo - kläder

Gumb

knapp

Očala

glasögon

Zapestnica

armband

Verižica

halsband

Prstan

ring

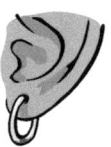

Uhan

örhänge

Kapa

mössa

Obešalnik

galge

Klobuk

hatt

Kravata

slips

Zadrga

dragkedja

Čelada

hjälm

Naramnice

hängslen

Šolska uniforma

skoluniform

Uniforma

uniform

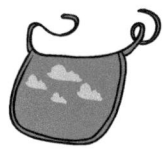

Slinček

haklapp

Duda

napp

Plenica

blöja

Pisarna
kontor

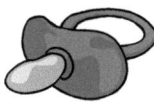

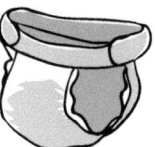

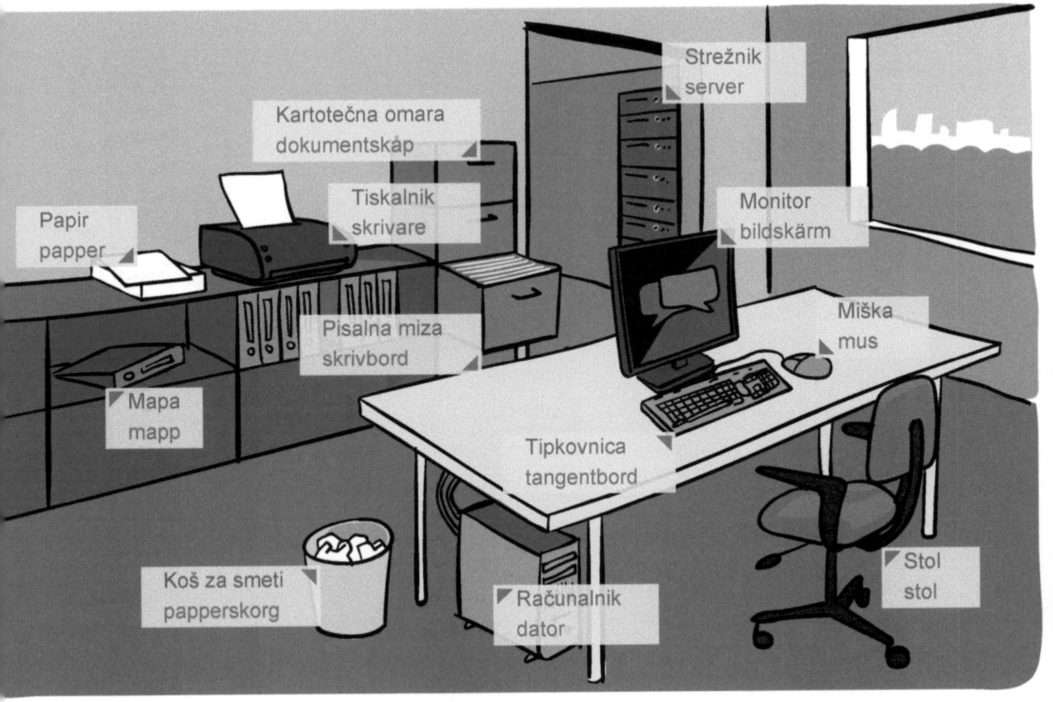

Strežnik
server
Kartotečna omara
dokumentskåp
Tiskalnik
skrivare
Papir
papper
Monitor
bildskärm
Miška
mus
Pisalna miza
skrivbord
Mapa
mapp
Tipkovnica
tangentbord
Koš za smeti
papperskorg
Računalnik
dator
Stol
stol

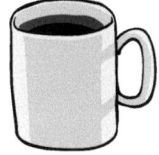

Lonček za kavo

kaffemugg

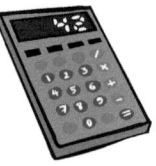

Kalkulator

miniräknare

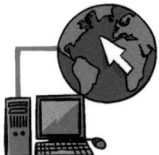

Internet

internet

Prenosnik

bärbar dator

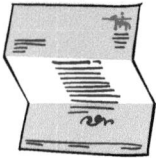

Pismo

brev

Sporočilo

meddelande

Mobilnik

mobiltelefon

Omrežje

nätverk

Kopirni stroj

kopieringsapparat

Programska oprema

programvara

Telefon

telefon

Vtičnica

vägguttag

Telefaks

fax

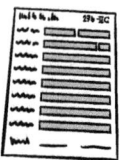

Obrazec

blankett

Dokument

dokument

Kupiti

köpa

Plačati

betala

Trgovati

handla

Denar

pengar

USD

Dolar

dollar

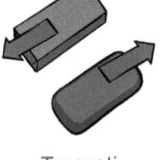

EUR

Evro

euro

JPY

Jen

yen

RUB

Rubelj

rubel

CHF

Švičarski frank

schweizisk franc

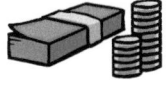

CNY

Kitajski juan renminbi

renminbi yan

INR

Rupija

rupie

Bankomat

bankomat

Menjalnica

växelkontor

Zlato

guld

Srebro

silver

Nafta

olja

Energija

energi

Cena

pris

Pogodba

kontrakt

Davek

skatt

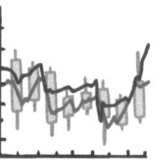

Delnice

aktie

Delati

arbeta

Delojemalec

anställd

Delodajalec

arbetsgivare

Tovarna

fabrik

Trgovina

affär

Poklici
yrken

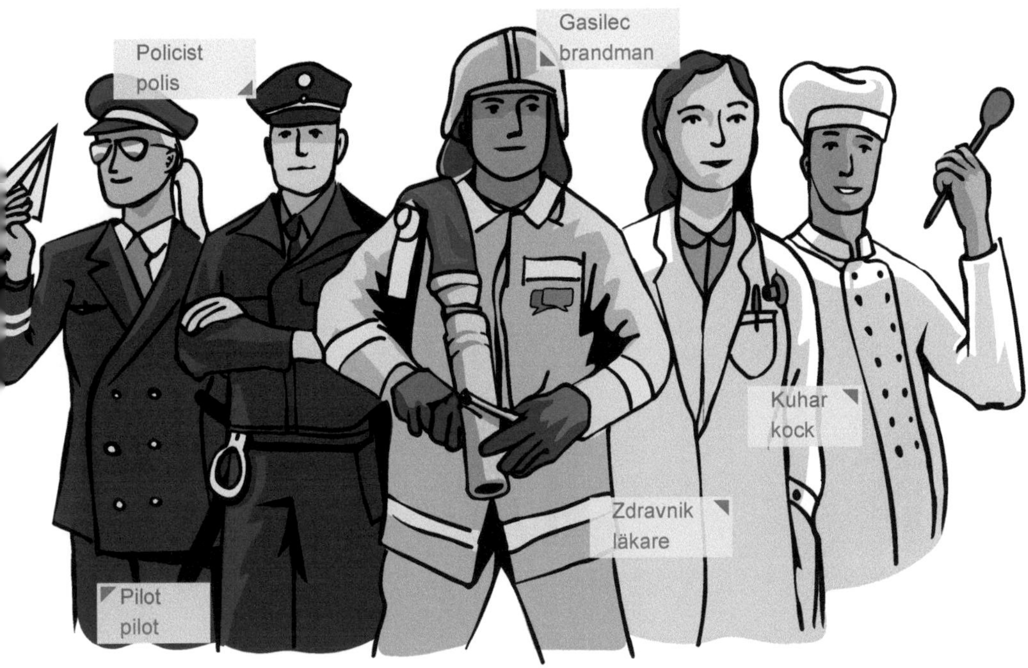

Policist
polis
Gasilec
brandman
Kuhar
kock
Zdravnik
läkare
Pilot
pilot

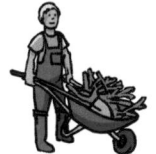

Vrtnar

trädgårdsmästare

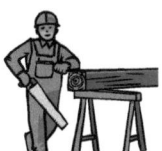

Mizar

snickare

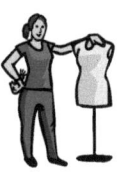

Šivilja

sömmerska

Sodnik

domare

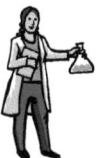

Kemik

kemist

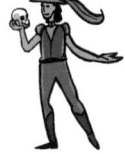

Igralec

skådespelare

Voznik avtobusa

busschaufför

Taksist

taxichaufför

Ribič

fiskare

Čistilka

städerska

Krovec

takläggare

Natakar

servitör

Lovec

jägare

Pleskar

målare

Pek

bagare

Električar

elektriker

Gradbenik

byggarbetare

Inženir

ingenjör

Mesar

slaktare

Vodovodni inštalater

rörmokare

Poštar

brevbärare

Vojak

soldat

Arhitekt

arkitekt

Blagajnik

kassör

Cvetličar

florist

Frizer

frisör

Sprevodnik

konduktör

Mehanik

mekaniker

Kapitan

kapten

Zobozdravnik

tandläkare

Znanstvenik

vetenskapsman

Rabin

rabbin

Imam

imam

Menih

munk

Duhovnik

präst

Orodje
verktyg

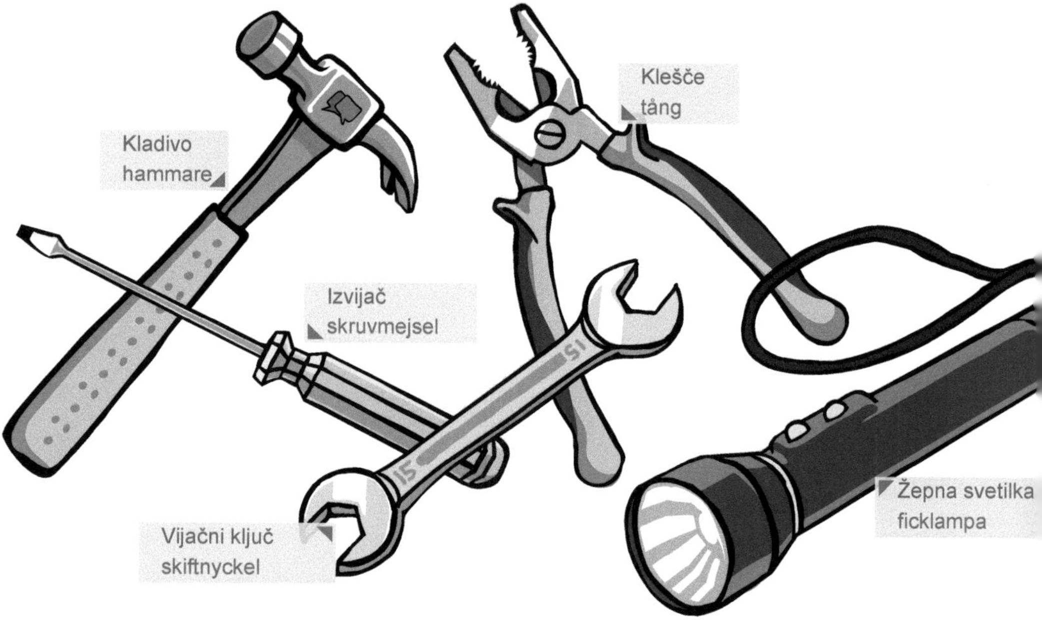
Kladivo
hammare
Klešče
tång
Izvijač
skruvmejsel
Vijačni ključ
skiftnyckel
Žepna svetilka
ficklampa

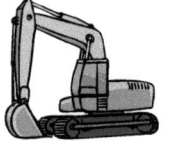

Bager
grävmaskin

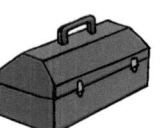

Zaboj z orodjem
verktygslåda

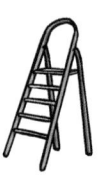

Lestev
stege

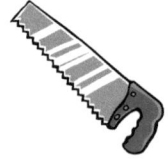

Žaga
såg

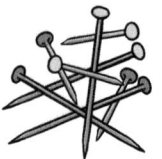

Žeblji
spik

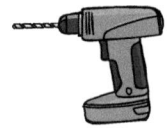

Vrtalnik
borr

Popraviti

reparera

Lopata

spade

Šment!

Helvete!

Smetišnica

sopskyffel

Posoda z barvo

färgburk

Vijaki

skruvar

Glasbeni instrument
musikinstrument

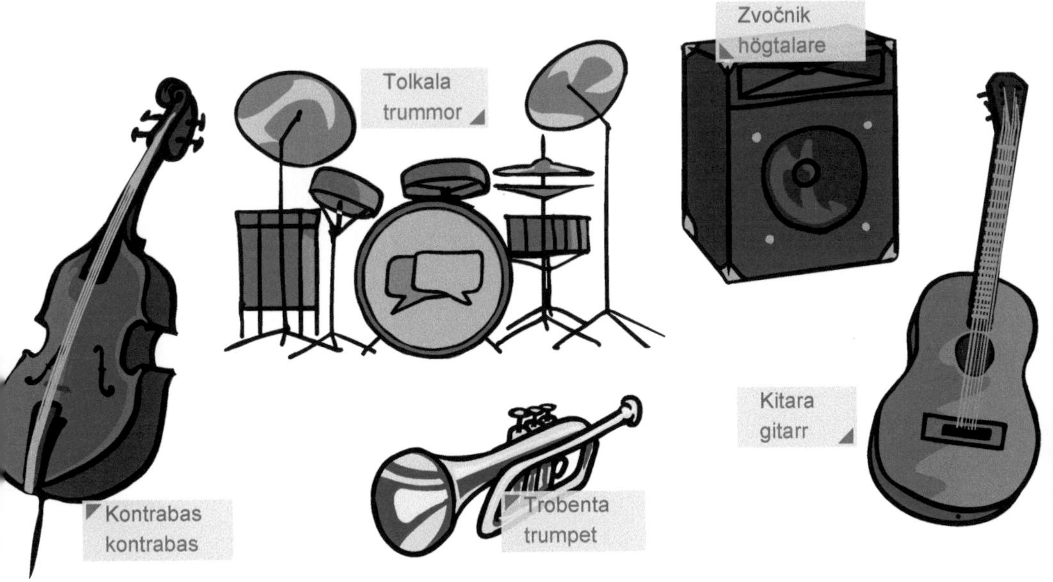

Tolkala
trummor

Zvočnik
högtalare

Kitara
gitarr

Kontrabas
kontrabas

Trobenta
trumpet

Klavir

piano

Violina

violin

Bas kitara

bas

Pavke

timpani

Bobni

trumma

Sintetizator

keyboard

Saksofon

saxofon

Flavta

flöjt

Mikrofon

mikrofon

Živalski vrt

zoo

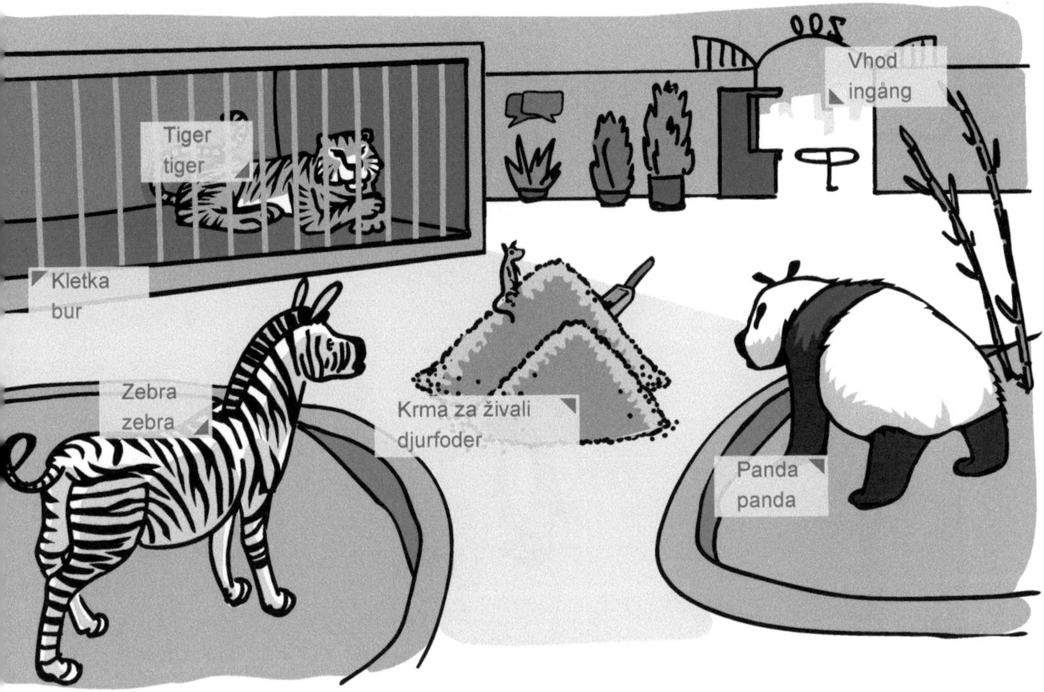
Vhod
ingång
Tiger
tiger
Kletka
bur
Zebra
zebra
Krma za živali
djurfoder
Panda
panda

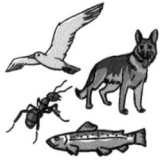

Živali

djur

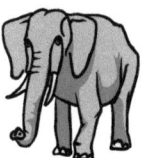

Slon

elefant

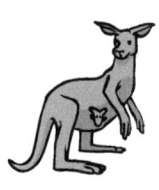

Kenguru

känguru

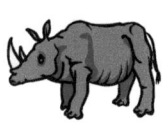

Nosorog

noshörning

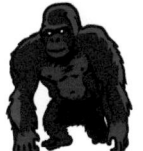

Gorila

gorilla

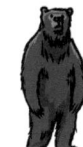

Medved

björn

Kamela

kamel

Noj

struts

Lev

lejon

Opica

apa

Plamenec

flamingo

Papagaj

papegoja

Severni medved

isbjörn

Pingvin

pingvin

Morski pes

haj

Pav

påfågel

Kača

orm

Krokodil

krokodil

Oskrbnik v živalskem vrtu

djurskötare

Tjulenj

säl

Jaguar

jaguar

Poni

ponny

Leopard

leopard

Povodni konj

flodhäst

Žirafa

giraff

Orel

örn

Divji prašič

vildsvin

Riba

fisk

Želva

sköldpadda

Mrož

valross

Lisica

räv

Gazela

gazell

Ameriški nogomet
amerikansk fotboll

Kolesarjenje
cykling

Tenis
tennis

Košarka
basket

Plavanje
simning

Boks
boxning

Hokej
ishockey

Nogomet
fotboll

Badminton
badminton

Atletika
friidrott

Rokomet
handboll

Smučanje
skidåkning

Polo
polo

Smejati se
skratta

Skočiti
hoppa

Objeti
krama

Hoditi
gå

Peti
sjunga

Sanjati
drömma

Moliti
be

Poljubiti
kyssa

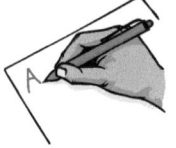

Pisati

skriva

Risati

rita

Pokazati

visa

Potisniti

skjuta

Dati

ge

Vzeti

ta

Imeti

hagel

Narediti

göra

Biti

vara

Stati

stå

Teči

springa

Vleči

dra

Vreči

kasta

Pasti

falla

Ležati

ligga

Čakati

vänta

Nositi

bära

Sedeti

sitta

Obleči se

klä på

Spati

sova

Zbuditi se

vakna

Gledati	Jokati	Božati
se på	gråta	smeka

Česati se	Govoriti	Razumeti
kamma	prata	förstå

Vprašati	Poslušati	Piti
fråga	höra	dricka

Jesti	Pospraviti	Ljubiti
äta	städa	älska

Kuhati	Voziti	Leteti
laga mat	köra	flyga

Jadrati

segla

Računanje

räkna

Brati

läsa

Učiti se

lära sig

Delati

arbeta

Poročiti se

gifta sig

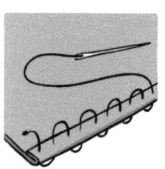

Šivati

sy

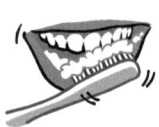

Ščetkati si zobe

borsta tänderna

Ubiti

döda

Kaditi

röka

Poslati

skicka

Družina

familj

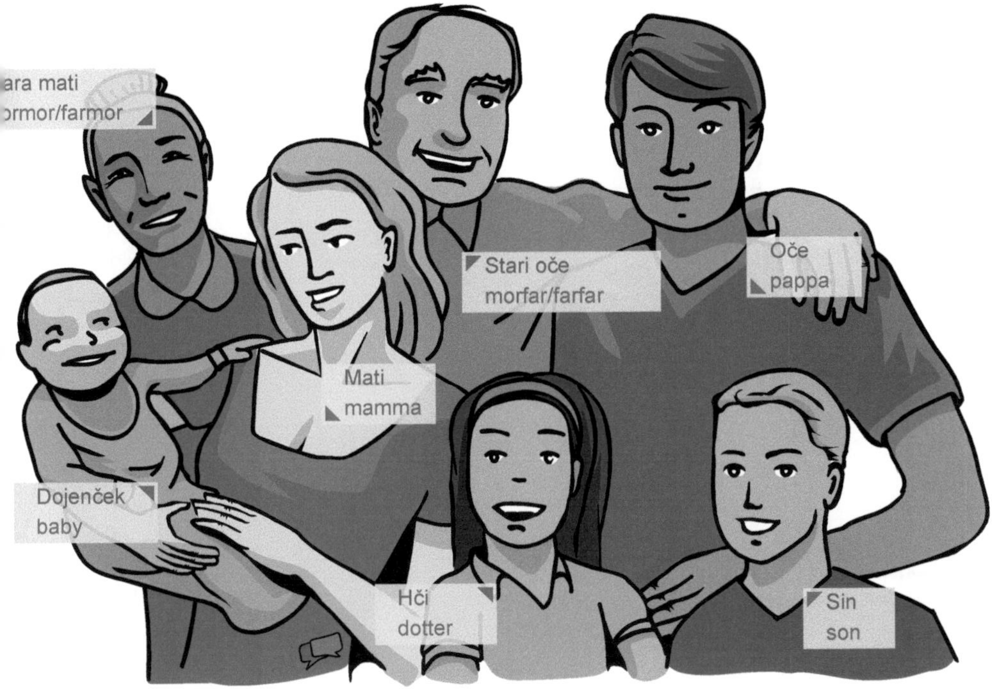
ara mati
rmor/farmor
Stari oče
morfar/farfar
Oče
pappa
Mati
mamma
Dojenček
baby
Hči
dotter
Sin
son

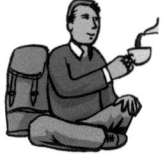

Gost

gäst

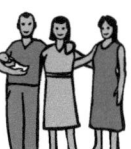

Teta

moster/faster

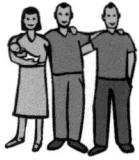

Stric

farbror/morbror

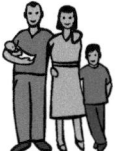

Brat

bror

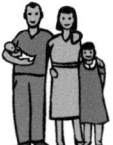

Sestra

syster

Telo
kropp

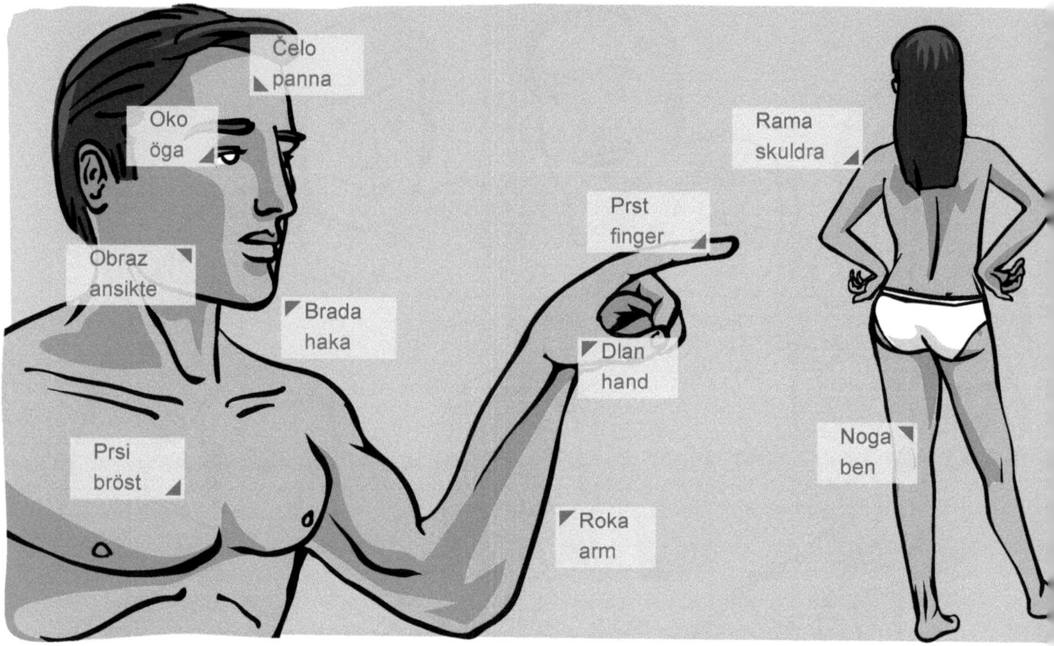

Čelo
panna

Oko
öga

Obraz
ansikte

Brada
haka

Prsi
bröst

Rama
skuldra

Prst
finger

Dlan
hand

Noga
ben

Roka
arm

Dojenček

baby

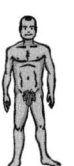

Človek

man

Ženska

kvinna

Dekle

flicka

Fant

pojke

Glava

huvud

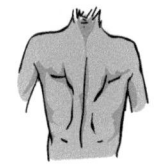

Hrbet

rygg

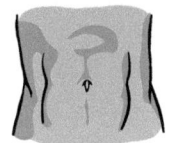

Trebuh

mage

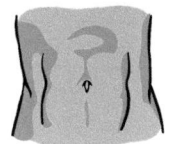

Popek

navel

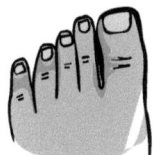

Prst na nogi

tå

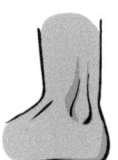

Peta

häl

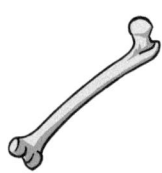

Kost

ben

Kolk

höft

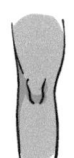

Koleno

knä

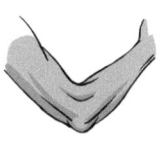

Komolec

armbåge

Nos

näsa

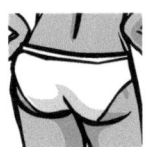

Zadnjica

stjärt

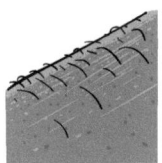

Koža

hud

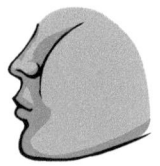

Lice

kind

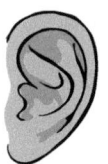

Uho

öra

Ustnica

läpp

Usta

mun

Zob

tand

Jezik

tunga

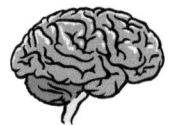

Možgani

hjärna

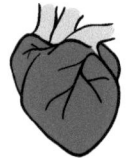

Srce

hjärta

Mišica

muskel

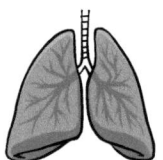

Pljuča

lunga

Jetra

lever

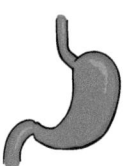

Želodec

magsäck

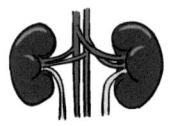

Ledvice

njurar

Spolni odnos

sex

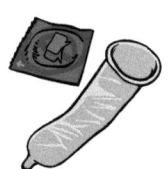

Kondom

kondom

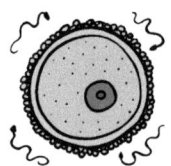

Jajčece

äggcell

Semenska tekočina

sperma

Nosečnost

graviditet

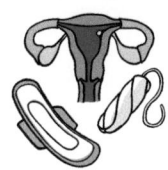

Menstruacija

menstruation

Vagina

vagina

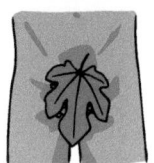

Penis

penis

Obrv

ögonbryn

Lasje

hår

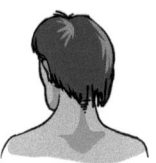

Vrat

nacke

Bolnišnica

sjukhus

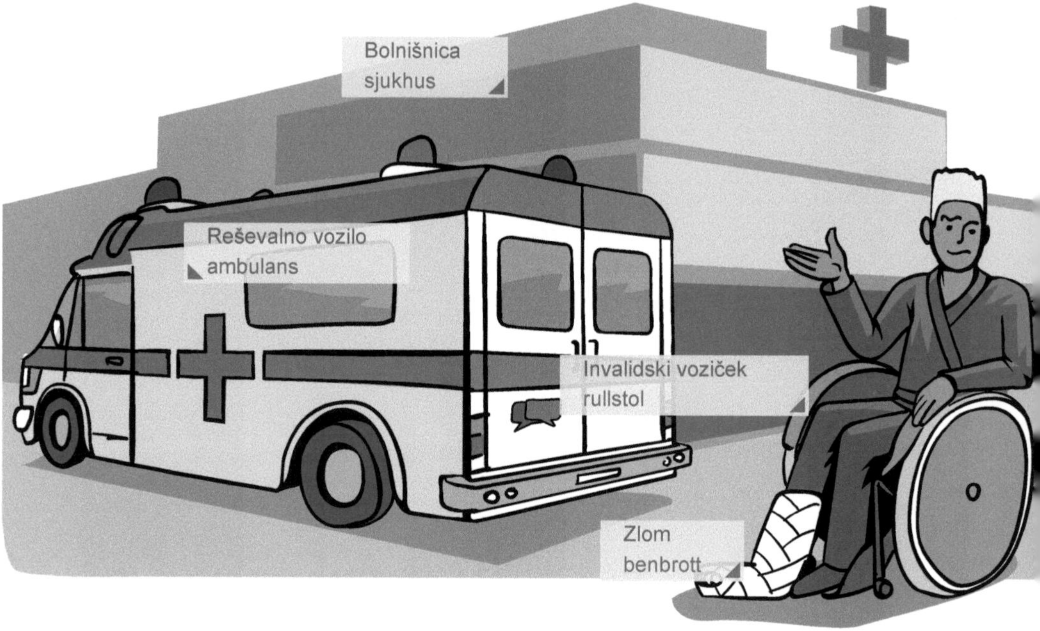

Bolnišnica
sjukhus
Reševalno vozilo
ambulans
Invalidski voziček
rullstol
Zlom
benbrott

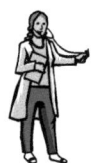

Zdravnik

läkare

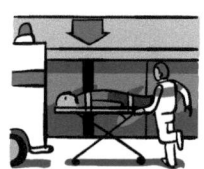

Urgenca

akutmottagning

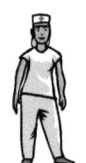

Medicinska sestra

sjuksköterska

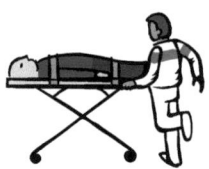

Nujni primer

nödsituation

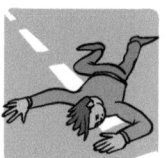

Nezavesten

medvetslös

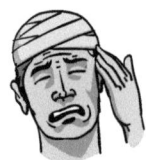

Bolečina

smärta

Poškodba

skada

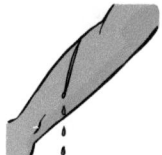

Krvavenje

blödning

Srčni infarkt

hjärtattack

Kap

slaganfall

Alergija

allergi

Kašelj

hosta

Vročina

feber

Gripa

influensa

Driska

diarré

Glavobol

huvudvärk

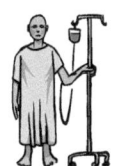

Rak

cancer

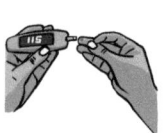

Sladkorna bolezen

diabetes

Kirurg

kirurg

Skalpel

skalpell

Operacija

operation

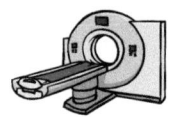

CT

CT

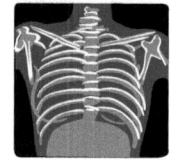

Rentgen

röntgen

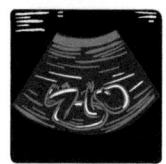

Ultrazvok

ultraljud

Obrazna maska

ansiktsmask

Bolezen

sjukdom

Čakalnica

väntsal

Bergla

krycka

Obliž

plåster

Preveza

bandage

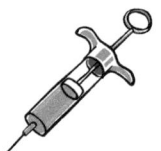

Injekcija

injektion

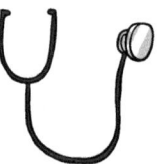

Stetoskop

stetoskop

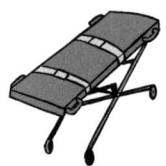

Nosila

bår

Klinični termometer

termometer

Porod

födsel

Prekomerna teža

övervikt

Slušni pripomoček

hörapparat

Razkužilo

desinfektionsmedel

Okužba

infektion

Virus

virus

HIV / AIDS

HIV / AIDS

Medicina

medicin

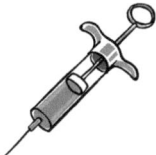

Cepljenje

vaccination

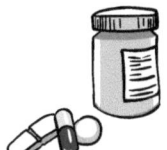

Tablete

tabletter

Tableta

p-piller

Klic v sili

nödsamtal

Merilnik krvnega tlaka

blodtrycksmätare

bolano / zdravo

sjuk / frisk

Na pomoč!

Hjälp!

Alarm

alarm

Napad

överfall

Napad

misshandel

Nevarnost

fara

Izhod v sili

nödutgång

Gori!

Det brinner!

Gasilni aparat

brandsläckare

Nezgoda

olycka

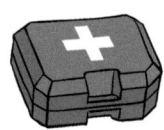

Komplet za prvo pomoč

förbandslåda

SOS

SOS

Policija

polis

Evropa

Europa

Severna Amerika

Nordamerika

Južna Amerika

Sydamerika

Afrika

Afrika

Azija

Asien

Avstralija

Australien

Atlantski ocean

Atlanten

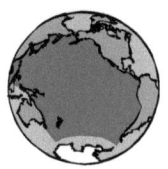

Tihi ocean

Stilla Havet

Indijski ocean

Indiska Oceanen

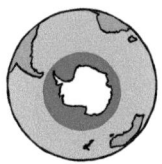

Južni ocean

Antarktiska Oceanen

Arktični ocean

Arktiska Oceanen

Severni tečaj

Nordpol

Južni tečaj

Sydpol

Antarktika

Antarktis

Zemlja

Jorden

Kopno

land

Morje

hav

Otok

ö

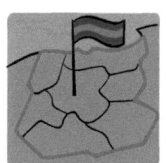

Narod

nation

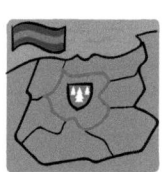

Država

stat

Številčnica

urtavla

Urni kazalec

timvisare

Minutni kazalec

minutvisare

Sekundni kazalec

sekundvisare

Koliko je ura?

Vad är klockan?

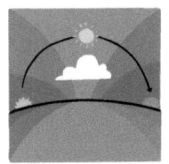

Dan

dag

Čas

tid

Zdaj

nu

Digitalna ura

digital klocka

Minuta

minut

Ura

timme

Teden
vecka

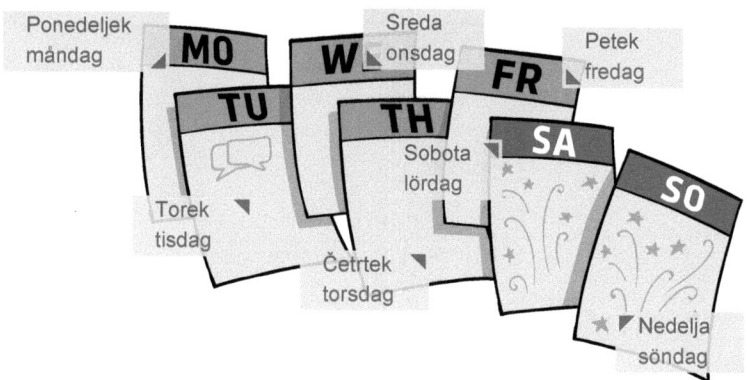

Ponedeljek
måndag

MO

W Sreda
onsdag

Petek
fredag

TU

TH

FR

Torek
tisdag

Sobota
lördag

SA

Četrtek
torsdag

SO

Nedelja
söndag

Včeraj
....
igår

Danes
....
idag

Jutri
....
imorgon

Jutro
....
morgon

Poldne
....
middag

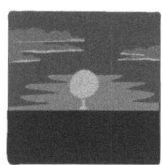

Večer
....
kväll

MO	TU	WE	TH	FR	SA	SU
1	2	3	4	5	6	7
8	9	10	11	12	13	14
15	16	17	18	19	20	21
22	23	24	25	26	27	28
29	30	31	1	2	3	4

Delovni dnevi
....
vardagar

MO	TU	WE	TH	FR	SA	SU
1	2	3	4	5	6	7
8	9	10	11	12	13	14
15	16	17	18	19	20	21
22	23	24	25	26	27	28
29	30	31	1	2	3	4

Konec tedna
....
helg

Leto
år

Dež
regn
Mavrica
regnbåge
Veter
vind
Sneg
snö
Pomlad
vår
Jesen
höst
Poletje
sommar
Zima
vinter

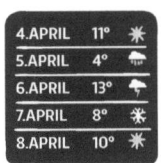

4.APRIL 11°
5.APRIL 4°
6.APRIL 13°
7.APRIL 8°
8.APRIL 10°

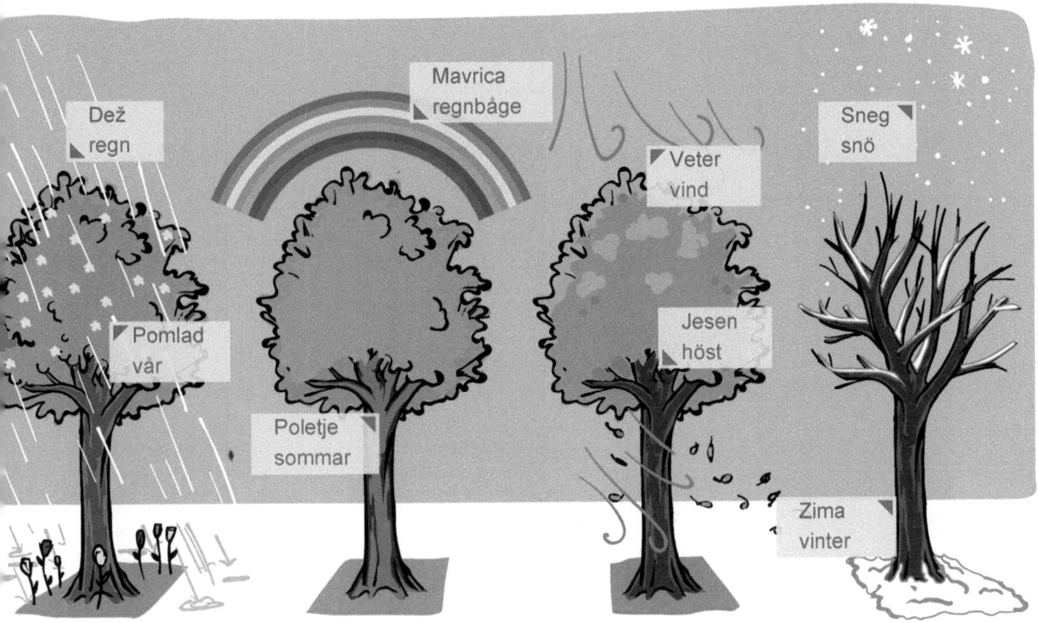

Vremenska napoved

väderprognos

F C
120 40
90 30
60 20
30 10
0 0
-30 -10
-20

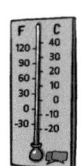

Termometer

termometer

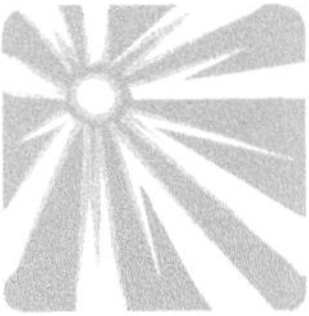

Sončna svetloba

solsken

Oblak

moln

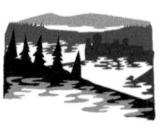

Megla

dimma

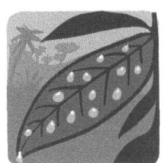

Vlažnost

luftfuktighet

Strela

blixt

Grom

åska

Nevihta

storm

Toča

hagel

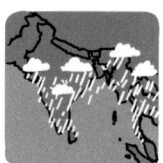

Monsun

monsun

Poplava

översvämning

Led

is

Januar

januari

Februar

februari

Marec

mars

April

april

Maj

maj

Junij

juni

Julij

juli

Avgust

augusti

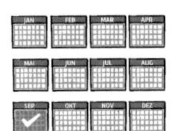

September
september

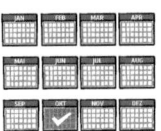

Oktober
oktober

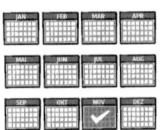

November
november

December
december

Oblike
former

Krogla
cirkel

Kvadrat
kvadrat

Pravokotnik
rektangel

Trikotnik
triangel

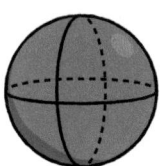

Krogla
sfär

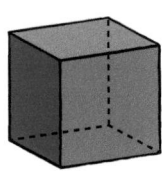

Kocka
kub

Oblike - former

83

Bela

vit

Rumena

gul

Oranžna

orange

Rožnata

rosa

Rdeča

röd

Vijolična

lila

Modra

blå

Zelena

grön

Rjava

brun

Siva

grå

Črna

svart

veliko / malo

mycket / lite

jezno / umirjeno

arg / lugn

lepo / grdo

vacker / ful

začetek / konec

början / slut

veliko / majhno

stor / liten

svetlo / temno

ljus / mörk

brat / sestra

bror / syster

čisto / umazano

ren / smutsig

popolno / nepopolno

komplett / ofullständig

dan / noč

dag / natt

mrtvo / živo

död / levande

široko / ozko

bred / smal

užitno / neužitno

ätlig / oätlig

zlobno / prijazno

ond / god

vznemirjeno / zdolgočaseno

upphetsad / uttråkad

debelo / vitko

tjock / smal

prvo / zadnje

först / sist

prijatelj / sovražnik

vän / fiende

polno / prazno

full / tom

trdo / mehko

hård / mjuk

težko / lahko

tung / lätt

lakota / žeja

hunger / törst

bolano / zdravo

sjuk / frisk

nezakonito / zakonito

olaglig / laglig

pametno / neumno

intelligent / dum

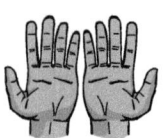

levo / desno

vänster / höger

blizu / daleč

nära / långt bort

novo / rabljeno

ny / begagnad

nič / nekaj

inget / något

staro / mlado

gammal / ung

vklopljeno / izklopljeno

på / av

odprto / zaprto

öppen / stängd

tiho / glasno

tyst / högljudd

bogato / revno

rik / fattig

prav / narobe

rätt / fel

grobo / gladko

grov / slät

žalostno / veselo

ledsen / glad

kratko / dolgo

kort / lång

počasi / hitro

långsam / snabb

mokro / suho

våt / torr

toplo / hladno

varm / sval

vojna / mir

krig / fred

Števila

siffror

0	**1**	**2**
Ničla	Ena	Dva
noll	ett	två

3	**4**	**5**
Tri	Štiri	Pet
tre	fyra	fem

6	**7**	**8**
Šest	Sedem	Osem
sex	sju	åtta

9	**10**	**11**
Devet	Deset	Enajst
nio	tio	elva

12

Dvanajst

tolv

13

Trinajst

tretton

14

Štirinajst

fjorton

15

Petnajst

femton

16

Šestnajst

sexton

17

Sedemnajst

sjutton

18

Osemnajst

arton

19

Devetnajst

nitton

20

Dvajset

tjugo

100

Sto

hundra

1.000

Tisoč

tusen

1.000.000

Milijon

miljon

Angleščina

engelska

Ameriška angleščina

amerikansk engelska

Mandarinščina

kinesisk mandarin

Hindujščina

hindi

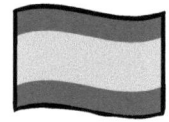

Španščina

spanska

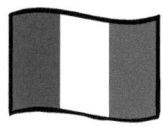

Francoščina

franska

Arabščina

arabiska

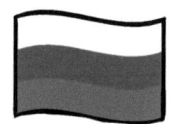

Ruščina

ryska

Portugalščina

portugisiska

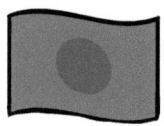

Bengalščina

bengali

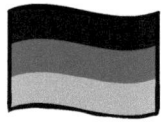

Nemščina

tyska

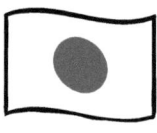

Japonščina

japanska

Jaz

jag

Ti

du

On / ona / tisto

han / hon / den (det)

Mi

vi

Vi

ni

Oni

de

Kdo?

vem?

Kaj?

vad?

Kako?

hur?

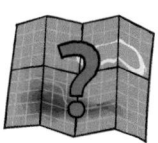

Kje?

var?

Kdaj?

när?

Ime

namn

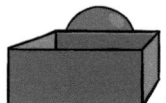

Zadaj

bakom

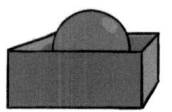

V

i

Pred

framför

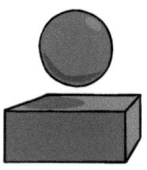

Nad

över

Na

på

Pod

under

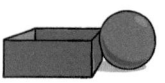

Poleg

bredvid

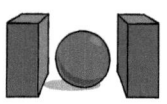

Med

mellan

Kraj

plats